CONGREGAÇÃO PARA OS INSTITUTOS
DE VIDA CONSAGRADA E AS SOCIEDADES
DE VIDA APOSTÓLICA

ANO DA VIDA CONSAGRADA

ALEGRAI-VOS

CARTA CIRCULAR AOS CONSAGRADOS
E ÀS CONSAGRADAS
DO MAGISTÉRIO DO PAPA FRANCISCO

Direção-geral: *Bernadete Boff*
Editora responsável: *Maria Goretti de Oliveira*
Tradução: *Jaime A. Clasen*

Título original da obra: *Rallegratevi:*
Lettera circolare ai consacrati e alle consacrate

© 2014 *Libreria Editrice Vaticana.*

1ª edição – 2014
3ª reimpressão – 2015

Nenhuma parte desta obra poderá ser reproduzida ou transmitida
por qualquer forma e/ou quaisquer meios (eletrônico ou mecânico,
incluindo fotocópia e gravação) ou arquivada em qualquer sistema ou
banco de dados sem permissão escrita da Editora. Direitos reservados.

Paulinas

Rua Dona Inácia Uchoa, 62
04110-020 – São Paulo – SP (Brasil)
Tel.: (11) 2125-3500
http://www.paulinas.org.br – editora@paulinas.com.br
Telemarketing e SAC: 0800-7010081

© Pia Sociedade Filhas de São Paulo – São Paulo, 2014

"Quero dizer-vos uma palavra
e a palavra é alegria.
Sempre onde estão os consagrados,
sempre há alegria!"
Papa Francisco

Caríssimos irmãos e irmãs,

1. "A alegria do Evangelho enche o coração e a vida inteira daqueles que se encontram com Jesus. Com Jesus Cristo sempre nasce e renasce a alegria".[1]

Este *incipit* da *Evangelii gaudium* no tecido do magistério do Papa Francisco soa com vitalidade surpreendente, chamando ao admirável ministério da Boa-Nova que, acolhida no coração da pessoa, transforma a sua vida. É contada de novo a parábola da alegria: o encontro com Jesus acende em nós a beleza original, a beleza do rosto no qual brilha a glória do Pai (cf. 2Cor 4,6), no fruto da alegria.

Esta Congregação para os Institutos de Vida Consagrada e as Sociedades de Vida Apostólica convida a refletir sobre o tempo de graça que nos é dado viver, sobre o convite especial que o Papa dirige à vida consagrada.

Acolher esse magistério significa renovar a existência segundo o Evangelho, não na modalidade de radicalidade entendida como modelo de perfeição e, muitas vezes de separação, mas na adesão *Toto corde* ao evento do encontro de salvação que transforma a vida: "Trata-se de deixar tudo para seguir o Senhor. Não, não quero dizer radical. A radicalidade evangélica

---

[1] FRANCISCO, Exortação apostólica *Evangelii gaudium* (24 de novembro de 2013), n. 1.

não é somente dos religiosos: é exigida de todos. Mas os religiosos seguem o Senhor de maneira especial, de modo profético. Espero de vós este testemunho. Os religiosos devem ser homens e mulheres capazes de despertar o mundo".[2]

Na finitude humana, no limite, no afã cotidiano, os consagrados e as consagradas vivem a fidelidade, dando razão da alegria que habita neles, tornando-se testemunho esplêndido, anúncio eficaz, companhia e proximidade para mulheres e homens que juntos habitam a história e buscam a Igreja como casa paterna.[3] Francisco de Assis, ao assumir o Evangelho como forma de vida, "fez crescer a fé, renovando a Igreja; e, ao mesmo tempo, renovou a sociedade, tornando-a mais fraterna, mas sempre com o Evangelho, com o testemunho. Sabeis o que disse Francisco uma vez a seus irmãos? 'Pregai sempre o Evangelho e, se for necessário, também com as palavras'".[4]

São numerosas as sugestões que nos vêm da escuta das palavras do Papa, mas particularmente nos interpela a absoluta simplicidade com a qual o Papa Francisco propõe o seu magistério, conformando-se à

---

[2] ANTONIO SPADARO, *"Svegliate il mondo!". Colloquio di Papa Francesco con i Superiori Generali*, in: *La Civiltà Cattolica*, 165 (2014/I), 5.

[3] Cf. FRANCISCO, Exortação apostólica *Evangelii gaudium* (24 de novembro de 2013), n. 47.

[4] FRANCISCO, *Anunciar o Evangelho, servindo-se até das palavras*, com a expressão de São Francisco o Papa confia a sua mensagem aos jovens reunidos em Santa Maria dos Anjos [*Encontro com os jovens da Úmbria*, Assis, 4 de outubro 2013], in: *L'Osservatore Romano*, 6 out. 2013, p. 7.

genuinidade desarmadora do Evangelho. Palavra *sine glossa*, espalhada com o largo gesto do bom semeador que confiante não faz discriminação de terreno.

Um convite autorizado dirigido a nós com a leveza da confiança, um convite a pôr a zero as argumentações institucionais e as justificações pessoais, uma palavra provocadora que chega a interrogar o nosso viver às vezes entorpecido e sonolento, vivido muitas vezes à margem do desafio: *se tivésseis uma fé do tamanho de um grão de mostarda* (Lc 17,5). Um convite que nos encoraja a mover o espírito para dar razão ao Verbo que habita entre nós, ao Espírito que cria e que constantemente renova a sua Igreja.

Esta *Carta* encontra as suas razões nesse convite e pretende iniciar uma reflexão compartilhada, enquanto se oferece como simples meio para um leal confronto entre Evangelho e Vida. Este Dicastério apresenta assim um itinerário comum, lugar de reflexão pessoal, fraterna, de instituto, a caminho de 2015, ano que a Igreja dedica à vida consagrada. Com o desejo e a intenção de ousar decisões evangélicas com frutos de renascimento, fecundos na alegria: "o primado de Deus é plenitude de sentido e de alegria para a vida humana, pois o homem está feito para Deus e vive inquieto até encontrar nele a paz".[5]

---

[5] JOÃO PAULO II, Exortação apostólica pós-sinodal *Vita consecrata* (25 de março de 1996), n. 27.

ALEGRAI-VOS, EXULTAI, REGOZIJAI-VOS

Alegrai-vos com Jerusalém, exultai nela,
todos os que a amais; regozijai-vos com ela,
todos os que por ela estáveis de luto.
Pois assim fala o Senhor:
"Eis que farei chegar a ela
qual rio o bem-estar e qual riacho transbordante,
as riquezas das nações. Sereis amamentados,
sereis carregados nos braços, sereis acariciados
sobre os joelhos.
Como uma mãe consola o filho,
assim eu vos consolarei;
em Jerusalém sereis consolados.
Vós o vereis e o vosso coração ficará
cheio de júbilo, os vossos ossos ficarão viçosos
como a erva verde.
A mão do Senhor se manifestará aos seus servos".
Isaías 66,10-14

À escuta

2. Com o termo *alegria* (em hebraico: *śimḥâ/ śamaḥ, gyl*), a Sagrada Escritura pretende exprimir uma multiplicidade de experiências coletivas e pessoais, liga-

das de modo particular ao culto religioso e às festas, e reconhecer o sentido da presença de Deus na história de Israel. Na Bíblia se encontram 13 verbos e substantivos para descrever a alegria de Deus, a alegria das pessoas e até da própria criação, no diálogo da salvação.

No Antigo Testamento, as ocorrências mais numerosas estão nos Salmos e no profeta Isaías: com uma variação linguística criativa e original, muitas vezes se convida à alegria, se proclama a alegria da proximidade de Deus, o júbilo por tudo o que criou e fez. Nos Salmos, encontram-se centenas de vezes as expressões mais eficazes para indicar a *alegria*, seja o fruto da presença benévola de Deus e as ressonâncias exultantes que provoca, seja a atestação da grande promessa que habita o horizonte futuro do povo. No tocante ao profeta, é exatamente a segunda e a terceira parte do rolo de Isaías que é cadenciada por esse frequente chamado à alegria, que se orienta para o futuro: será superabundante (cf. Is 9,2), o céu, o deserto e a terra estremecem de alegria (Is 35,1; 44,23; 49,13), os prisioneiros libertados chegarão a Jerusalém gritando de alegria (Is 35,9s.; 51,11).

No Novo Testamento, o vocábulo privilegiado está ligado à raiz *char* (*chàirein, charà*), mas encontram-se também outros termos como *agalliáomai, euphrosýnē* e implica comumente uma exultação total, que abraça junto o passado e o futuro. *Alegria* é o dom messiânico por excelência, como o próprio Jesus promete: *A minha alegria esteja convosco, e a vossa alegria seja completa* (Jo 15,11; 16,24; 17,13). É Lucas quem, desde os acontecimentos que precedem o nascimento do Salvador, assinala a difusão exultante da alegria (cf. Lc 1,14.44.47; 2,10; cf. Mt 2,10), e depois acompanha a difusão da Boa-Nova com este efeito que se expande (cf. Lc 10,17; 24,41.52) e é sinal típico da presença e difusão do Reino (cf. Lc 15,7.10.32; At 8,39; 11,23; 15,3; 16,34; cf. Rm 15,10-13 etc.).

Segundo Paulo, a alegria é um fruto do Espírito (cf. Gl 5,22) e um sinal típico e estável do Reino (cf. Rm 14,17), que se consolida também através da tribulação e das provações (cf. 1Ts 1,6). Na oração, na caridade, no agradecimento incessante se deve encontrar a fonte da alegria (cf. 1Ts 5,16; Fl 3,1; Cl 1,11-12); nas tribulações o apóstolo dos gentios se sente cumulado de alegria e participante da glória que todos esperamos (cf. 2Cor 6,10; 7,4; Cl 1,24). O triunfo final de Deus e as *núpcias do Cordeiro* completarão toda alegria e exultação (cf. Ap 19,7), fazendo explodir um *Aleluia* cósmico (Ap 19,6).

Somos introduzidos no sentido do texto: *Alegrai-vos com Jerusalém, exultai nela, todos os que a amais; regozijai-vos com ela* (Is 66,10). Trata-se do final da terceira parte do profeta Isaías, e é preciso ter presente que os capítulos 65–66 de Isaías estão estreitamente unidos e se completam mutuamente, como já era evidente na conclusão da segunda parte (capítulos 54–55).

O tema do passado é evocado nos dois capítulos, às vezes também com imagens cruas, mas para convidar a esquecê-lo, porque Deus quer fazer brilhar uma luz nova, uma confiança que sanará as infidelidades e crueldades sofridas. A maldição, fruto da inobservância da Aliança, desaparecerá porque Deus está para fazer de *Jerusalém uma cidade de júbilo e de seus habitantes um povo alegre* (cf. Is 65,18). Prova disso será a experiência de que a resposta de Deus chegará antes ainda de ter sido formulada a súplica (cf. Is 65,24). Este é o contexto que se prolonga ainda nos primeiros versículos de Isaías 66, reemergindo cá e lá por sinais ainda antes, evidenciando a surdez de coração e de ouvido diante da bondade do Senhor e da sua Palavra de esperança.

Então aparece sugestiva aqui a comparação de Jerusalém *mãe*, que se inspira nas promessas de Is 49,18-29 e 54,1-3: a terra de Judá se enche de repente com aqueles que voltam da dispersão, depois da humilhação. É como se dissesse que os rumores de "libertação" "engravidaram" Sião com nova vida e esperança, e Deus, o Senhor da vida, levará até o fim a gestação, fazendo nascer sem dor os novos filhos. De modo que Sião-mãe é cercada de recém-nascidos e se faz nutriz generosa e terna para todos. Uma imagem dulcíssima que já fascinara Santa Teresa de Lisieux, a qual encontrou aí uma chave decisiva de interpretação da sua espiritualidade.[1]

Um acúmulo de termos intensos: *alegrai-vos, exultai, regozijai-vos*, mas também *consolações, delícia, abundância, prosperidade, carícias* etc. Faltava a relação de fidelidade e de amor, e terminaram na tristeza e na esterilidade; agora o poder e a santidade de Deus

---

[1] SANTA TERESA DO MENINO JESUS, *Opere complete*, LEV, Ed. OCD, Città del Vaticano, Roma, 1997: *Manuscrito A*, 76v; *B*, 1r; *C*, 3r; *Carta* 196.

devolvem sentido e plenitude de vida e de felicidade, exprimindo-as com termos que pertencem às raízes afetivas de todo ser humano, e despertam de novo sensações únicas de ternura e segurança.

Ligeiro, mas verdadeiro perfil de um Deus que reluz com vibrações maternas e com emoções intensas que contagiam. Uma alegria do coração (cf. Is 66,14) que passa por Deus – rosto materno e braço que soergue – e se difunde em meio a um povo mutilado por mil humilhações, e por isso com os ossos fracos. É uma transformação gratuita que se alarga festiva a *novos céus e nova terra* (cf. Is 66,22), para que todos os povos conheçam a glória do Senhor, fiel e redentor.

Esta é a beleza

3. *"Esta é a beleza da consagração: a alegria, a alegria..."*.[2] A alegria de levar a todos a consolação de Deus. São palavras do Papa Francisco durante o encontro com os seminaristas, os noviços e as noviças. "Não há santidade na tristeza",[3] continua o Santo Padre, *não vos entristeçais como os outros que não têm esperança,* escrevia São Paulo (1Ts 4,13).

---

[2] FRANCISCO, *Autênticos e coerentes*, Papa Francisco fala da beleza da consagração [*Encontro com os seminaristas, os noviços e as noviças*, Sala Paulo VI, Roma, 6 de julho de 2013], in: *L'Osservatore Romano*, 8-9 jul. 2013, p. 6.

[3] Ibid.

A alegria não é ornamento inútil, mas é exigência e fundamento da vida humana. No afã do dia a dia, todo homem e toda mulher tendem a alcançar e permanecer na alegria com a totalidade do ser.

No mundo há, muitas vezes, um déficit de alegria. Não somos chamados a realizar gestos épicos nem a proclamar palavras altissonantes, mas a testemunhar a alegria que provém da certeza de nos sentirmos amados, da confiança de sermos salvos.

A nossa memória curta e a nossa experiência fraca nos impedem muitas vezes de procurar as "terras da alegria" nas quais saborear o reflexo de Deus. Temos mil motivos para permanecer na alegria. A sua raiz se alimenta na escuta crente e perseverante da Palavra de Deus. Na escola do Mestre se ouve: *a minha alegria esteja convosco e a vossa alegria seja completa* (Jo 15,11), e treinamos fazendo exercícios de perfeita alegria.

"A tristeza e o medo devem dar lugar à alegria: *Alegrai-vos (...), rejubilai (…) regozijai-vos* – diz o Profeta (Is 66,10). É um grande convite à alegria. [...] Cada cristão, mas sobretudo nós, somos chamados a levar esta mensagem de esperança, que dá serenidade e alegria: a consolação de Deus, a sua ternura para com todos. Mas só podemos ser seus portadores, se experimentarmos nós primeiro a alegria de ser consolados por Ele, de ser amados por Ele. [...] Algumas vezes encontrei pessoas consagradas que têm medo da consolação de Deus e… se amofinam porque têm medo desta ternura de Deus. Mas não tenhais medo. Não tenhais medo, o nosso

Deus é o Senhor da consolação, o Senhor da ternura. O Senhor é Pai e Ele disse que procederá conosco como faz uma mãe com o seu filho, com a ternura dela. Não tenhais medo da consolação do Senhor".[4]

Ao chamar-vos

4. "Ao chamar-vos, Deus diz-vos: 'Tu és importante para mim, eu amo-te, conto contigo'. Jesus diz isto a cada um de nós! Disto nasce a alegria! A alegria do momento no qual Jesus olhou para mim. Compreender e sentir isto é o segredo da nossa alegria. Sentir-se amado por Deus, sentir que para Ele nós não somos números, mas pessoas; e sentir que é Ele que nos chama."[5]

Papa Francisco guia o nosso olhar sobre o fundamento espiritual da nossa humanidade para ver o que nos é dado gratuitamente por livre soberania divina e livre resposta humana: *Ouvindo isso, Jesus lhe disse: "Ainda te falta uma coisa: vende tudo que tens, distribui o dinheiro aos pobres e terás um tesouro no céu; depois vem e segue-me"* (Lc 18,22).

---

[4] FRANCISCO, *A evangelização se faz de joelhos*, missa com os seminaristas e as noviças no Ano da Fé [*Homilia na santa missa com os seminaristas, os noviços e as noviças,* Roma, 7 de julho de 2013], n. 1, in: *L'Osservatore Romano,* 8-9 jul. 2013, p. 7.

[5] FRANCISCO, *Autênticos e coerentes*, Papa Francisco fala da beleza da consagração [*Encontro com os seminaristas, os noviços e as noviças*, Sala Paulo VI, Roma, 6 de julho de 2013], in: *L'Osservatore Romano,* 8-9 jul. 2013, p. 6.

O Papa recorda: "Na Última Ceia, Jesus dirige-se aos Apóstolos com estas palavras: *Não fostes vós que me escolhestes, fui Eu que vos escolhi* (Jo 15,16), que recordam a todos, não só a nós sacerdotes, que a vocação é sempre uma iniciativa de Deus. Foi Cristo quem vos chamou a segui-lo na vida consagrada, e isto significa cumprir continuamente um 'êxodo' de vós mesmas para centrar a vossa existência em Cristo e no seu Evangelho, na vontade de Deus, despojando-vos dos vossos projetos, para poder dizer com São Paulo: *Já não sou eu que vivo, é Cristo que vive em mim* (Gl 2,20)".[6]

O Papa nos convida a uma *peregrinatio* para trás, uma caminhada sapiencial para nos encontrarmos nas estradas da Palestina ou perto da barca do humilde pescador da Galileia, convida-nos a contemplar os inícios de um caminho, ou melhor, de um acontecimento que, inaugurado por Cristo, leva a deixar as redes na praia, o banco dos impostos à beira da estrada, as veleidades do zelota entre as intenções do passado. São todos meios inadequados para estar com Ele.

Convida-nos a uma longa parada, como peregrinação interior, diante do horizonte da primeira hora, onde os espaços estão quentes de relacionalidade amiga, a inteligência é levada a abrir-se ao mistério, a decisão estabelece que é bom pôr-se ao seguimento daquele Mestre que só tem *palavras de vida eterna* (cf. Jo 6,68).

---

[6] FRANCISCO, *Discurso às religiosas participantes da Assembleia Plenária da União Internacional das Superioras Gerais* (Roma, 8 de maio de 2013), *AAS* 105 (2013), 460-463.

Convida-nos a fazer da inteira "existência uma peregrinação de transformação no amor".[7]

Papa Francisco nos chama a parar a nossa alma no fotograma de partida: "A alegria do momento no qual Jesus olhou para mim",[8] e evocar significados e exigências subtendidos à nossa vocação: "é a resposta a uma chamada, a uma chamada de amor".[9] Estar com Cristo exige compartilhar com ele a vida, as escolhas, a obediência de fé, a beatitude dos pobres, a radicalidade do amor.

Trata-se de renascer para a vocação. "Convido todo o cristão [...] a renovar hoje mesmo o seu encontro pessoal com Jesus Cristo ou, pelo menos, a tomar a decisão de se deixar encontrar por ele, de o procurar dia a dia sem cessar."[10]

Paulo nos remete a esta visão fundamental: *ninguém pode pôr outro fundamento senão aquele que está posto* (1Cor 3,11). O termo vocação indica este dado

---

[7] FRANCISCO, *Para subir o monte da perfeição*, Mensagem do Pontífice aos carmelitas por ocasião do capítulo geral [*Mensagem ao Prior Geral da Ordem dos Irmãos da Beata Virgem Maria do Monte Carmelo por ocasião do Capítulo Geral*, Roma, 22 de agosto de 2013], in: *L'Osservatore Romano*, 6 set. 2013, p. 7.

[8] FRANCISCO, *Autênticos e coerentes*, Papa Francisco fala da beleza da consagração [*Encontro com os seminaristas, os noviços e as noviças*, Sala Paulo VI (Roma, 6 de julho de 2013)], in: *L'Osservatore Romano*, 8-9 jul. 2013, p. 6.

[9] Ibid.

[10] FRANCISCO, Exortação apostólica *Evangelii gaudium* (24 de novembro de 2013), n. 3.

gratuito, como um reservatório de vida que não cessa de renovar a humanidade e a Igreja no mais profundo do seu ser.

Na experiência da vocação é exatamente Deus o misterioso sujeito de um ato de chamada. Nós ouvimos uma voz que nos chama à vida e ao discipulado para o Reino. Papa Francisco, ao lembrar isso, "tu és importante para mim", usa o diálogo direto, em primeira pessoa, para que a consciência surja. Chama à consciência a minha ideia, o meu juízo para solicitar comportamentos coerentes com a consciência de mim, com a chamada que sinto dirigida a mim, a minha chamada pessoal: "Gostaria de dizer a quantos se sentem indiferentes a Deus, à fé, a quantos estão distantes de Deus ou a quem o abandonou, também a nós, com as nossas 'distâncias' e os nossos 'abandonos' de Deus, talvez pequenos, mas há muitos na vida cotidiana: olha no fundo do teu coração, olha no íntimo de ti mesmo e interroga-te: tens um coração que aspira a algo de grande, ou um coração entorpecido pelas coisas? O teu coração conservou a inquietação da procura, ou permitiste que ele fosse sufocado pelos bens, que no fim o atrofiam?".[11]

A relação com Jesus Cristo pede para ser alimentada pela inquietação da busca. Ela nos torna cons-

---

[11] FRANCISCO, *Com a inquietação no coração*, Aos capitulares agostinianos o Papa pede que estejam sempre à procura de Deus e dos outros [*Homilia na missa de abertura do Capítulo Geral da Ordem de Santo Agostinho*, Roma, 28 de agosto de 2013], in: *L'Osservatore Romano*, 30 ago. 2013, p. 8.

cientes da gratuidade do dom da vocação e nos ajuda a justificar as motivações que causaram a escolha inicial e que permanecem na perseverança: "Deixar-se conquistar por Cristo significa tender sempre para aquilo que está na minha frente, para a meta de Cristo (cf. Fl 3,14)".[12] Permanecer constantemente à escuta de Deus exige que essas perguntas se tornem as coordenadas que ritmam o nosso tempo cotidiano.

Este mistério indizível que levamos dentro de nós, e que participa do inefável mistério de Deus, encontra a única possibilidade de interpretação na fé: "A fé é a resposta a uma Palavra que interpela pessoalmente, a um Tu que nos chama pelo nome"[13] e "enquanto resposta a uma Palavra que a precede, será sempre um ato de memória; contudo esta memória não o fixa no passado, porque, sendo memória de uma promessa, se torna capaz de abrir ao futuro, de iluminar os passos ao longo do caminho".[14] "A fé contém propriamente a memória da história de Deus conosco, a memória do encontro com Deus que se move primeiro, que cria e salva, que nos transforma; a fé é memória da sua Palavra que aquece o coração, das suas ações de salvação com a qual nos doa a vida, nos purifica, nos cura, nos

---

[12] FRANCISCO, *Caminhos criativos radicados na Igreja*, Papa Francisco com os confrades jesuítas no dia da memória de Santo Inácio de Loyola [*Homilia na santa missa na Igreja de Jesus por ocasião da festa de Santo Inácio de Loyola*, Roma, 31 de julho de 2013], in *L'Osservatore Romano*, 1 ago. 2013, p. 8.

[13] FRANCISCO, Carta Encíclica *Lumen fidei* (29 de junho de 2013), n. 8.

[14] Ibid., n. 9.

alimenta. [...] Quem leva em si a memória de Deus deixa-se guiar pela memória de Deus em toda a sua vida, e sabe despertá-la no coração dos outros."[15] Memória de ser chamados aqui e agora.

Encontrados, alcançados, transformados

5. O Papa pede-nos que releiamos a nossa história pessoal e a verifiquemos no olhar do amor de Deus, porque, se a vocação é sempre uma iniciativa dele, a nós cabe a livre adesão à economia divino-humana, como relação de vida no *agape*, caminho de discipulado, "luz no caminho da Igreja".[16] A vida no Espírito não tem tempo para terminar, mas se abre constantemente ao mistério enquanto discerne para conhecer o Senhor e perceber a realidade a partir dele. Ao chamar-nos, Deus nos faz entrar no seu repouso e nos pede que repousemos nele, como processo contínuo de conhecimento de amor; ressoa para nós a Palavra *tu te agitas e te preocupas com muitas coisas* (Lc 10,41). Na *via amoris* caminhamos para o renascimento: a velha criatura renasce numa forma nova. *Por conseguinte, quem está em Cristo é criatura nova* (2Cor 5,17).

---

[15] FRANCISCO, *Memória de Deus*, durante a missa na Praça de São Pedro o Papa fala da missão do catequista [*Homilia na santa missa para a Jornada dos Catequistas*, Roma, 29 de setembro de 2013], in: *L'Osservatore Romano*, 1 out. 2013, p. 7.

[16] FRANCISCO, *Discurso às religiosas participantes da Assembleia Plenária da União Internacional das Superioras Gerais* (Roma, 8 de maio de 2013), *AAS* 105 (2013), 460-463.

Papa Francisco dá o nome desse renascimento: "Este caminho tem um nome, uma face: a face de Jesus Cristo. Ele nos ensina a nos tornarmos santos. Ele, no Evangelho, nos mostra o caminho: aquele das Bem- -Aventuranças (cf. Mt 5,1-12). Esta é a vida dos santos: pessoas que pelo amor de Deus em suas vidas não colocaram condições a Ele".[17]

A vida consagrada é chamada a encarnar a Boa- -Nova, chamada ao *seguimento de Cristo*, o Crucificado ressuscitado, a fazer seu o "modo de existir e de agir de Jesus como Verbo encarnado diante do Pai e diante dos irmãos".[18] Assumir, concretamente, o seu estilo de vida, adotar as suas atitudes interiores, deixar-se invadir pelo seu espírito, assimilar a sua lógica surpreendente e a sua escala de valores, compartilhar os seus riscos e as suas esperanças: "guiados pela certeza humilde e feliz de quem foi *encontrado, alcançado e transformado pela Verdade* que é Cristo, e não pode deixar de anunciá-la".[19]

Permanecer em Cristo permite que colhamos a presença do Mistério que nos habita e dilata o coração

---

[17] FRANCISCO, *Não super-homens, mas amigos de Deus*, o *Angelus* de Todos os Santos [*Angelus*, Roma, 1 de novembro de 2013], in: *L'Osservatore Romano*, 2-3 nov. 2013, p. 8.

[18] JOÃO PAULO II, Exortação apostólica pós-sinodal *Vita consecrata* (25 de março de 1996), n. 22.

[19] FRANCISCO, *Nos cruzamentos das estradas*, aos bispos, aos sacerdotes, aos religiosos e aos seminaristas o Papa confia a missão de formar os jovens a serem ambulantes da fé [*Homilia na santa missa com os bispos, com os sacerdotes, os religiosos e os seminaristas por ocasião da XXVIII Jornada Mundial da Juventude*, Rio de Janeiro, 27 de julho de 2013], in: *L'Osservatore Romano*, 29 set. 2013, p. 7.

segundo a medida do seu coração de Filho. Quem permanece no seu amor, como o ramo está ligado à videira (cf. Jo 15,1-8), entra na familiaridade com Cristo e dá fruto: "É permanecer em Jesus! Permanecer ligados a ele, dentro dele, com ele, falando com ele: permanecer em Jesus".[20]

"Cristo é o sigilo na fronte, é o sigilo no coração: na fronte, para que sempre o professemos; no coração, para que sempre o amemos; é o sigilo no braço, para que sempre o operemos",[21] a vida consagrada é de fato uma chamada contínua a seguir a Cristo e a ser conformados a ele. "Toda a vida de Jesus, a sua forma de tratar os pobres, os seus gestos, a sua coerência, a sua generosidade simples e cotidiana e, finalmente, a sua total dedicação, tudo é precioso e fala à nossa vida pessoal."[22]

O encontro com o Senhor nos coloca em movimento, nos impele a sair da autorreferencialidade.[23] A relação com o Senhor não é estática, nem intimista: "quem coloca Cristo no centro da sua vida descentraliza-se! Quanto mais te unes a Jesus e ele se torna o centro da tua vida, tanto mais ele te faz sair de ti mesmo, te

---

[20] FRANCISCO, *A vocação de ser catequista*, o Pontífice encoraja a não ter medo de sair de si mesmo para ir ao encontro dos outros [*Discurso aos participantes no Congresso Internacional de Catequese*, Roma, 27 de setembro de 2013, n. 1], in: *L'Osservatore Romano*, 29 set. 2013, p. 7.

[21] AMBRÓSIO, *De Isaac et anima*, 75: PL 14, 556-557.

[22] FRANCISCO, Exortação apostólica *Evangelii gaudium* (24 de novembro de 2013), n. 265.

[23] Ibid.

descentraliza e abre aos outros".[24] "Não estamos no centro, estamos, por assim dizer, 'deslocados', estamos a serviço de Cristo e da Igreja".[25]

A vida cristã é determinada por verbos de movimento, mesmo quando é vivida na dimensão monástica e contemplativo-claustral, é uma contínua busca.

"Não se pode perseverar numa evangelização cheia de ardor, se não se está convencido, por experiência própria, que não é a mesma coisa ter conhecido Jesus ou não o conhecer, não é a mesma coisa caminhar com ele ou caminhar tateando, não é a mesma coisa poder escutá-lo ou ignorar a sua Palavra, não é a mesma coisa poder contemplá-lo, adorá-lo, descansar nele ou não o poder fazer. Não é a mesma coisa procurar construir o mundo com o seu Evangelho, em vez de o fazer unicamente com a própria razão. Sabemos bem que a vida com Jesus se torna muito mais plena e, com ele, é mais fácil encontrar o sentido para cada coisa."[26]

Papa Francisco exorta à *inquietação da busca*, como aconteceu com Agostinho de Hipona: uma "in-

---

[24] FRANCISCO, *A vocação de ser catequista*, o Pontífice encoraja a não ter medo de sair de si mesmo para ir ao encontro dos outros [*Discurso aos participantes no Congresso Internacional de Catequese*, Roma, 27 de setembro de 2013, n. 1], in: *L'Osservatore Romano*, 29 set. 2013, p. 7.

[25] FRANCISCO, *Caminhos criativos radicados na Igreja*, Papa Francisco com os confrades jesuítas no dia da memória de Santo Inácio de Loyola [*Homilia na santa missa por ocasião da festa de Santo Inácio de Loyola*, Roma, 31 de julho de 2013], in *L'Osservatore Romano*, 1 ago. 2013, p. 8.

[26] FRANCISCO, Exortação apostólica *Evangelii gaudium* (24 de novembro de 2013), n. 266.

quietação do coração que o leva ao encontro pessoal com Cristo, que o leva a compreender que aquele Deus que ele procurava distante de si é o Deus próximo de cada ser humano, o Deus próximo do nosso coração, mais íntimo a nós do que nós mesmos". É uma busca que continua: "Agostinho não se detém, não se acomoda, não se se fecha em si mesmo, como aquele que já chegou à meta, mas continua o caminho. A *inquietação da investigação da verdade*, da busca de Deus, torna-se a inquietação de o conhecer cada vez mais e de sair de si mesmo para o dar a conhecer aos outros. Nomeadamente, é a inquietação do amor".[27]

Na alegria do sim fiel

6. Quem encontrou o Senhor e o segue com fidelidade é um mensageiro da alegria do Espírito.

"Somente graças a este encontro – ou reencontro – com o amor de Deus, que se converte em amizade feliz, é que somos resgatados da nossa consciência isolada e da autorreferencialidade."[28] A pessoa chamada é convocada a si mesma, ou seja, ao seu poder ser. Talvez não seja gratuito dizer que a crise da vida consagrada passa

---

[27] FRANCISCO, *Com a inquietação no coração*, aos capitulares agostinianos o Papa pede que estejam sempre à procura de Deus e dos outros [*Homilia na missa de abertura do Capítulo Geral da Ordem de Santo Agostinho*, Roma, 28 de agosto de 2013], in: *L'Osservatore Romano*, 30 ago. 2013, p. 8.

[28] FRANCISCO, Exortação apostólica *Evangelii gaudium* (24 de novembro de 2013), n. 8.

também pela incapacidade de reconhecer tal profunda chamada, também naqueles que já vivem tal vocação.

Vivemos uma crise de fidelidade, entendida como adesão consciente a uma chamada que é um percurso, uma caminhada desde o seu misterioso início até seu misterioso fim.

Talvez estejamos ainda numa crise de humanização. Estamos vivendo a limitação de uma coerência completa, feridos pela incapacidade de conduzir no tempo a nossa vida como vocação unitária e caminho fiel.

Uma caminhada cotidiana, pessoal e fraterna, marcada pelo descontentamento, pela amargura que nos encerra na mágoa, quase numa permanente nostalgia pelos caminhos inexplorados e pelos sonhos não realizados, se torna uma caminhada solitária. A nossa vida chamada à relação no cumprimento do amor pode se transformar em terra árida desabitada. Somos convidados a toda época a revisitar o centro profundo da vida pessoal, lá onde encontram significado e verdade as motivações do nosso viver com o Mestre, discípulos e discípulas do Mestre.

A fidelidade é consciente do amor que nos orienta para o Tu de Deus e para cada outra pessoa, de modo constante e dinâmico, enquanto experimentamos em nós a vida do Ressuscitado: "Quantos se deixam salvar por Ele são libertados do pecado, da tristeza, do vazio interior, do isolamento".[29]

O discipulado fiel é graça e exercício de amor, exercício de caridade oblativa: "Quando caminhamos sem a Cruz, edificamos sem a Cruz ou confessamos um Cristo sem Cruz, não somos discípulos do Senhor: somos mundanos, somos bispos, padres, cardeais, papas, mas não discípulos do Senhor".[30]

Perseverar até o Gólgota, experimentar as divisões das dúvidas e da negação, regozijar-se na maravilha e no espanto da Páscoa até a manifestação de Pentecostes e a evangelização entre os gentios, são etapas da fidelidade alegre, porque quenótica, experimentada por toda a vida também no sentido do martírio e igualmente partícipe da vida ressuscitada de Cristo: "E é pela Cruz, supremo ato de misericórdia e de amor, que se renasce como *nova criatura* (Gl 6,15)".[31]

No lugar teológico em que Deus, ao se revelar, nos revela a nós mesmos, o Senhor nos pede, portanto, que voltemos a pesquisar, *fides quaerens: Busca a justiça, a fé, o amor, a paz com todos os que invocam o Senhor com coração puro* (2Tm 2,22).

---

[29] Ibid., n. 1.

[30] FRANCISCO, *Homilia na santa missa com os cardeais* (Roma, 14 de março de 2013), in: *AAS* 105 (2013), 365-366.

[31] FRANCISCO, *A evangelização se faz de joelhos*, missa com os seminaristas e as noviças no Ano da Fé [*Homilia na santa missa com os seminaristas, os noviços e as noviças,* Roma, 7 de julho de 2013], n. 1, in: *L'Osservatore Romano*, 8-9 jul. 2013, p. 7.

A peregrinação interior inicia na oração: "A primeira coisa necessária para um discípulo é estar com o Mestre, ouvi-lo, aprender dele. E isto é sempre válido, é um caminho que dura a vida inteira! [...] Se, no nosso coração, não há o calor de Deus, do seu amor, da sua ternura, como podemos nós, pobres pecadores, inflamar o coração dos outros?".[32] Este itinerário dura a vida inteira, enquanto o Espírito Santo nos convencer, na humildade da oração, do senhorio de Jesus Cristo em nós: "O Senhor nos chama cada dia a segui-lo com coragem e fidelidade; fez-nos o grande dom de escolher--nos como discípulos seus; convida-nos a anunciá-lo com alegria como o Ressuscitado, mas nos pede que o façamos com a palavra e com o testemunho da nossa vida, no dia a dia. O Senhor é único, o único Deus da nossa vida e nos convida a despojar-nos dos numerosos ídolos e adorar somente a ele".[33]

O Papa indica a oração como a fonte de fecundidade da missão: "Cultivemos a dimensão contemplativa, mesmo no turbilhão dos compromissos mais urgentes e pesados. E quanto mais a missão vos chamar para ir para as periferias existenciais, tanto mais o vosso

---

[32] FRANCISCO, *A vocação de ser catequista*, o Pontífice encoraja a não ter medo de sair de si mesmo para ir ao encontro dos outros [*Discurso aos participantes no Congresso Internacional de Catequese*, Roma, 27 de setembro de 2013, n. 1], in: *L'Osservatore Romano*, 29 set. 2013, p. 7.

[33] FRANCISCO, *Coerência entre palavra e vida*, o Papa nos convida a abandonar os ídolos para adorar o Senhor [*Homilia na celebração eucarística em São Paulo Fora dos Muros*, Roma, 14 de abril de 2013], in *L'Osservatore Romano*, 15-16 abr. 2013, p. 8.

coração se mantenha unido ao de Cristo, cheio de misericórdia e de amor".[34]

Estar com Jesus forma para um olhar contemplativo da história, que sabe ver e escutar cm toda parte a presença do Espírito e, de modo privilegiado, discernir a sua presença para viver o tempo como tempo de Deus. Quando falta um olhar de fé, "a vida vai perdendo gradativamente sentido, o rosto dos irmãos faz-se opaco, tornando-se impossível descobrir neles o rosto de Cristo; os acontecimentos da história permanecem ambíguos, quando não desprovidos de esperança".[35]

A contemplação abre para a atitude profética. O profeta é um homem "que tem os olhos penetrantes e que ouve e diz as palavras de Deus; [...] um homem de três tempos: promessa do passado, contemplação do presente, coragem para indicar o caminho para o futuro".[36]

A fidelidade no discipulado passa e é provada, finalmente, pela experiência da fraternidade, lugar

---

[34] FRANCISCO, *A evangelização se faz de joelhos*, Missa com os seminaristas e as noviças no Ano da Fé [*Homilia na santa missa com os seminaristas, os noviços e as noviças,* Roma, 7 de julho de 2013], n. 1, in: *L'Osservatore Romano*, 8-9 jul. 2013, p. 7.

[35] CONGREGAÇÃO PARA OS INSTITUTOS DE VIDA CONSAGRADA E AS SOCIEDADES DE VIDA APOSTÓLICA, Instrução *Partir de Cristo. Um renovado compromisso da vida consagrada no terceiro milênio* (19 de maio de 2002), n. 25.

[36] FRANCISCO, *O homem de olho penetrante*, meditação matutina na Capela da *Domus Sanctae Marthae* (16 de dezembro de 2013), in: *L'Osservatore Romano*, 16-17 dez. 2013, p. 6.

teológico, no qual somos chamados a nos sustentar no sim alegre ao Evangelho: "É a Palavra de Deus que suscita a fé, a alimenta, a regenera. É a Palavra de Deus que toca os corações, converte-os a Deus e à sua lógica que é tão diferente da nossa; é a Palavra de Deus que renova continuamente as nossas comunidades".[37]

O Papa nos convida, portanto, a renovar e qualificar com alegria e paixão a nossa vocação para que o ato totalizante do amor seja um processo contínuo, "amadurece, amadurece, amadurece",[38] em desenvolvimento permanente, no qual o sim da nossa vontade à sua une vontade, intelecto e sentimento, "o amor nunca está 'concluído' e completado; transforma-se ao longo da vida, amadurece e, por isso mesmo, permanece fiel a si próprio".[39]

---

[37] FRANCISCO, *A atração que faz crescer a Igreja*, encontro com os sacerdotes, as religiosas e os religiosos na catedral de São Rufino [*Encontro com o clero, pessoas de vida consagrada e membros de conselhos pastorais*, Assis, 4 de outubro de 2003], in: *L'Osservatore Romano*, 6 out. 2013, p. 6.

[38] FRANCISCO, *Autênticos e coerentes*, Papa Francisco fala da beleza da consagração [*Encontro com os seminaristas, os noviços e as noviças*, Sala Paulo VI, Roma, 6 de julho de 2013], in: *L'Osservatore Romano*, 8-9 jul. 2013, p. 6.

[39] BENTO XVI, Carta encíclica *Deus caritas est* (25 de dezembro de 2005), n. 11.

CONSOLAI, CONSOLAI O MEU POVO

Consolai, consolai o meu povo, diz o vosso Deus.
Falai ao coração de Jerusalém.
Isaías 40,1-2

À escuta

7. Com uma peculiaridade estilística, que se encontra ainda mais adiante (cf. Is 51,17; 52,1: *desperta, desperta!*), os oráculos da segunda parte de Isaías (Is 40–55) lançam o apelo a vir em ajuda do Israel deportado, que tende a se fechar no vazio de uma memória falida. O contexto histórico pertence claramente à fase da prolongada deportação do povo na Babilônia (587-538 a.C.), com toda a humilhação consequente e o sentido de impotência para ir embora. Contudo, a desagregação do império assírio sob a pressão da nova potência emergente, a persa, guiada pelo astro nascente que era Ciro, faz o profeta intuir que poderia verificar-se uma libertação inesperada. E assim será. O profeta, sob a inspiração de Deus, dá voz pública a essa possibilidade, interpretando as agitações políticas e militares como ação guiada por Deus através de Ciro, e proclama que

a libertação está próxima e o retorno à terra dos pais está para se realizar.

As palavras que Isaías usa: *Consolai... falai ao coração*, se encontram com certa frequência no Antigo Testamento, e têm valor particular as passagens onde se trata de diálogo de ternura e de afeto. É o caso de quando Rute reconhece que Booz a *consolou e falou ao seu coração* (cf. Rt 2,12), ou na famosa página de Oseias, que anuncia à sua mulher (Gomer) que a levará ao deserto e *falará ao seu coração* (cf. Os 2,16-17), para uma nova temporada de fidelidade. Mas há também outros paralelos semelhantes, como o diálogo de Siquém, filho de Hamor, apaixonado por Dina (cf. Gn 34,1-5), ou o do levita de Efraim que fala à concubina que o abandonou (cf. Jz 19,3).

Trata-se, portanto, de uma linguagem a interpretar no horizonte do amor, não no do encorajamento: ou seja, ação e palavra juntas, delicadas e encorajadoras, mas que relembram as ligações afetivas intensas de Deus "esposo" de Israel. E a *consolação* deve ser epifania de uma pertença recíproca, jogo de empatia intensa, de comoção e ligação vital. Portanto, não palavras superficiais e adocicadas, mas misericórdia e visceralidade de preocupação, abraço que dá força e paciente proximidade para encontrar os caminhos da confiança.

Levar o abraço de Deus

8. "Hoje as pessoas precisam certamente de palavras, mas sobretudo têm necessidade de que testemunhemos a misericórdia, a ternura do Senhor, que aquece o coração, desperta a esperança, atrai para o bem. A alegria de levar a consolação de Deus."[1]

Papa Francisco confia aos consagrados e às consagradas esta missão: encontrar o Senhor que nos consola como uma mãe e consolar o povo de Deus.

Pela alegria do encontro com o Senhor e da sua chamada, nasce o serviço na Igreja, a missão: levar aos homens e às mulheres do nosso tempo a consolação de Deus, testemunhar a sua misericórdia.[2]

Na visão de Jesus, a consolação é dom do Espírito, o *Paráclito*, o Consolador, que nos consola nas provações e acalenta uma esperança que não desilude. Assim a consolação cristã se torna conforto, encorajamento, esperança: é presença atuante do Espírito (cf. Jo 14,16-17), fruto do Espírito, e *o fruto do Espírito é amor, alegria, paz, paciência, afabilidade, bondade, fidelidade, mansidão, continência* (Gl 5,22).

---

[1] FRANCISCO, *A evangelização se faz de joelhos*, Missa com os seminaristas e as noviças no Ano da Fé [*Homilia na santa missa com os seminaristas, os noviços e as noviças*, Roma, 7 de julho de 2013], n. 1, in: *L'Osservatore Romano*, 8-9 jul. 2013, p. 7.

[2] FRANCISCO, *Autênticos e coerentes*, Papa Francisco fala da beleza da consagração [*Encontro com os seminaristas, os noviços e as noviças*, Sala Paulo VI, Roma, 6 de julho de 2013], in: *L'Osservatore Romano*, 8-9 jul. 2013, p. 6.

Num mundo que vive a desconfiança, o desânimo, a depressão, numa cultura em que homens e mulheres se deixam envolver pela fragilidade e pela fraqueza, por individualismos e interesses pessoais, é pedido a nós que introduzamos a confiança na possibilidade de uma felicidade verdadeira, de uma esperança possível, que não se apoie unicamente sobre os talentos, sobre as qualidades, sobre o saber, mas em Deus. A todos é dada a possibilidade de encontrá-lo, basta procurá-lo com o coração sincero.

Os homens e as mulheres do nosso tempo esperam palavras de consolo, proximidade de perdão e de alegria verdadeira. Somos chamados a levar a todos o abraço de Deus, que se inclina com ternura de mãe sobre nós: consagrados, sinal de humanidade plena, facilitadores e não controladores da graça,[3] inclinados no sinal da consolação.

A ternura nos faz bem

9. Testemunhos de comunhão além de nossas perspectivas e dos nossos limites, somos chamados a levar o sorriso de Deus, e a fraternidade é o primeiro e mais crível evangelho que podemos contar. Pede-se que humanizemos as nossas comunidades: "Cuidai da amizade entre vós, da vida de família, do amor recíproco. E que o mosteiro não seja um Purgatório, mas uma

---

[3] FRANCISCO, Exortação apostólica *Evangelii gaudium* (24 de novembro de 2013), n. 47.

família. Os problemas existem e existirão, mas como se faz numa família, com amor, procurai uma solução com caridade; não destruais esta para resolver aquela; que não haja competição. Cuidai da vida de comunidade, pois, quando na vida de comunidade é assim, em família, é precisamente o Espírito Santo que se encontra no seio da comunidade. [...] Sempre com um coração grande. Deixai passar, não vos vanglorieis, suportai tudo e sorri com o coração. E o sinal disto é a alegria".[4]

A alegria se consolida na experiência de fraternidade, como lugar teológico, onde cada um é responsável pela fidelidade ao Evangelho e pelo crescimento de cada um. Quando uma fraternidade se alimenta do próprio Corpo e Sangue de Jesus, se reúne em torno do Filho de Deus, para compartilhar a caminhada de fé guiada pela Palavra, torna se uma coisa só com ele, é uma fraternidade em comunhão que experimenta o amor gratuito e vive em festa, livre, alegre, cheia de coragem.

"Uma fraternidade sem alegria é uma fraternidade que se apaga. [...] Uma fraternidade rica de alegria é um verdadeiro dom do Alto aos irmãos que sabem pedi-lo e que sabem aceitar-se empenhando-se na vida fraterna com confiança na ação do Espírito".[5]

---

[4] FRANCISCO, *Para uma clausura de grande humanidade*, recomendações às clarissas na Basílica de Santa Clara [*Palavras às monjas de clausura*, Assis, 4 de outubro de 2013], in: *L'Osservatore Romano*, 6 out. 2013, p. 6.

[5] CONGREGAÇÃO PARA OS INSTITUTOS DE VIDA CONSAGRADA E AS SOCIEDADES DE VIDA APOSTÓLICA, Instrução *A vida fraterna em comunidade. "Congregavit nos in unum Christi amor"* (2 de fevereiro de 1994), n. 28.

No tempo em que a fragmentação dá razão a um individualismo estéril e de massa e a fraqueza das relações desagrega e estraga o cuidado do humano, somos convidados a humanizar as relações de fraternidade para favorecer a comunhão dos espíritos e dos corações no modo do Evangelho porque "existe uma comunhão de vida entre todos aqueles que pertencem a Cristo. Uma comunhão que nasce da fé e que torna a Igreja, na sua verdade mais profunda, comunhão com Deus, familiaridade com Deus, comunhão de amor com Cristo e com o Pai no Espírito Santo, que se prolonga numa comunhão fraterna".[6]

Para o Papa Francisco, a chave da fraternidade é a ternura, uma "ternura eucarística", porque "a ternura nos faz bem". A fraternidade terá "uma força de convocação enorme. [...] A fraternidade, mesmo com todas as diferenças possíveis, é uma experiência de amor que vai além dos conflitos".[7]

A proximidade como companhia

10. Somos chamados a fazer um êxodo de nós mesmos num caminho de adoração e de serviço.[8] "Sair pela

---

[6] FRANCISCO, *Uma grande família entre o céu e a terra*, na audiência-geral o Papa fala da comunhão dos santos [*Audiência geral*, Roma, 30 de outubro de 2013], in: *L'Osservatore Romano*, 31 out. 2013, p. 8.

[7] ANTONIO SPADARO, *"Svegliate il mondo!". Colloquio di Papa Francesco con i Superiori Generali*, in: *La Civiltà Cattolica*, 165 (2014/I), 13.

[8] FRANCISCO, *Discurso às religiosas participantes da Assembleia Plenária da União Internacional das Superioras Gerais* (Roma, 8 de maio de 2013), *AAS* 105 (2013), 460-463.

porta afora para procurar e encontrar. Tenham a coragem de ir contra a corrente desta cultura eficientista, dessa cultura do descarte. O encontro e o acolhimento de todos, a solidariedade e a fraternidade, são elementos que tornam a nossa civilização verdadeiramente humana. *Ser servidores da comunhão e da cultura do encontro.* Quero vocês quase obsessivos neste aspecto! E fazê-lo sem ser presunçosos."[9]

"O fantasma a combater é a imagem da vida religiosa entendida como refúgio e consolo diante de um mundo *externo* difícil e complexo".[10] O Papa exorta a "sair do ninho",[11] para morar na vida dos homens e das mulheres do nosso tempo, e nos entregarmos a Deus e ao próximo.

"A alegria nasce da gratuidade de um encontro! [...] E a alegria do encontro com Ele e da sua chamada faz com que não nos fechemos, mas que nos abramos; leva ao serviço na Igreja. São Tomás dizia *'bonum est diffusivum sui'*. O bem se difunde. E também a alegria se difunde. Não tenhais medo de mostrar a alegria de ter respondido à chamada do Senhor, à sua escolha de

---

[9] FRANCISCO, *Nos cruzamentos das estradas*, aos bispos, aos sacerdotes, aos religiosos e aos seminaristas o Papa confia a missão de formar os jovens a serem ambulantes da fé [*Homilia na santa missa com os bispos, com os sacerdotes, os religiosos e os seminaristas por ocasião da XXVIII Jornada Mundial da Juventude*, Rio de Janeiro, 27 de julho de 2013, n. 3], in: *L'Osservatore Romano*, 29 set. 2013, p. 7.

[10] ANTONIO SPADARO, *"Svegliate il mondo!". Colloquio di Papa Francesco con i Superiori Generali*, in: *La Civiltà Cattolica*, 165 (2014/I), 10.

[11] Cf. ibid. p. 6.

amor e de testemunhar o seu Evangelho no serviço à Igreja. E a alegria, a verdadeira alegria, é contagiosa; contagia... faz ir em frente".[12]

Diante do testemunho contagioso de alegria, serenidade, fecundidade, do testemunho da ternura e do amor, da caridade humilde sem prepotência, muitos sentem a necessidade de *vir ver.*[13]

Mais vezes o Papa Francisco apontou o *caminho da atração,* do contágio, como caminho para fazer a Igreja crescer, caminho da nova evangelização. "A Igreja deve ser atraente. Despertai o mundo! Sede testemunhas de um modo diferente de fazer, de agir, de viver! É possível viver de maneira diferente neste mundo. [...] Eu espero de vós este testemunho."[14]

Ao confiar a nós a tarefa de *despertar o mundo,* o Papa nos estimula a ir ao encontro das histórias dos homens e das mulheres de hoje à luz de duas categorias pastorais que têm a sua raiz na novidade do Evangelho: a *proximidade* e o *encontro,* duas modalidades através das quais Deus mesmo se revelou na história até a Encarnação.

---

[12] FRANCISCO, *Autênticos e coerentes,* Papa Francisco fala da beleza da consagração [*Encontro com os seminaristas, os noviços e as noviças,* Sala Paulo VI, Roma, 6 de julho de 2013], in: *L'Osservatore Romano,* 8-9 jul. 2013, p. 6.

[13] Cf. FRANCISCO, *A humildade é a força do Evangelho,* meditação matutina na capela da *Domus SanctaeMarthae*(1 de outubro de 2013), in: *L'Osservatore Romano,* 2 out. 2013, p. 8.

[14] ANTONIO SPADARO, *"Svegliate il mondo!". Colloquio di Papa Francesco con i Superiori Generali,* in: *La Civiltà Cattolica,* 165 (2014/I), 5.

No caminho de Emaús, como Jesus com os discípulos, acolhamos na companhia diária as alegrias e as dores das pessoas, dando "calor ao coração",[15] enquanto esperamos com ternura os cansados e os fracos, a fim de que a caminhada comum tenha em Cristo luz e significado.

A nossa caminhada é "um caminho que amadurece até a paternidade pastoral, até a maternidade pastoral, e quando um padre não é pai da sua comunidade, quando uma religiosa não é mãe de todos aqueles com os quais trabalha, torna-se triste. Este é o problema. Por isso vos digo: a raiz da tristeza na vida pastoral consiste precisamente na falta de paternidade e maternidade que vem do viver mal esta consagração, que, ao contrário, nos deve conduzir à fecundidade".[16]

A inquietação do amor

11. Ícones vivos da maternidade e da proximidade da Igreja, vamos, para aqueles que esperam a Palavra da consolação, inclinando-nos com amor materno e espírito paterno para os pobres e os fracos.

---

[15] Cf. FRANCISCO, *Por uma Igreja que acompanha de novo o homem à casa. Discurso do Santo Padre no encontro com o episcopado brasileiro* (Rio de Janeiro, 27 de julho de 2013), n. 3.

[16] FRANCISCO, *Autênticos e coerentes*, Papa Francisco fala da beleza da consagração [*Encontro com os seminaristas, os noviços e as noviças*, Sala Paulo VI, Roma, 6 de julho de 2013], in: *L'Osservatore Romano*, 8-9 jul. 2013, p. 6.

O Papa convida-nos a *não privatizar o amor*, mas com a inquietação de quem procura, "procurar sempre, sem tréguas, o bem do outro, da pessoa amada".[17]

A crise de sentido do homem moderno e a crise econômica e moral da sociedade ocidental e das suas instituições não são um evento passageiro dos tempos em que vivemos, mas delineiam um momento histórico de importância excepcional. Somos chamados então, como Igreja, a sair para nos dirigir às periferias geográficas, urbanas e existenciais – aquelas do mistério do pecado, da dor, das injustiças, da miséria –, aos lugares escondidos da alma, onde toda pessoa experimenta a alegria e o sofrimento do viver.[18]

"Vivemos numa cultura do desencontro, uma cultura da fragmentação, do descartável [...] não é notícia quando um sem-teto morre de frio", no entanto "a pobreza é uma categoria teologal, porque o Filho de Deus se rebaixou para caminhar pelas ruas. [...] Uma Igreja pobre para os pobres começa pelo dirigir-se à carne de Cristo. Se nos fixarmos na carne de Cristo, começamos a compreender qualquer coisa, a compreender o que é esta pobreza, a pobreza do Senhor".[19] Viver a beatitude dos pobres quer dizer ser sinal de que a angústia

---

[17] FRANCISCO, *Com a inquietação no coração*, aos capitulares agostinianos o Papa pede que estejam sempre à procura de Deus e dos outros [*Homilia na missa de abertura do Capítulo Geral da Ordem de Santo Agostinho*, Roma, 28 de agosto de 2013], in: *L'Osservatore Romano*, 30 ago. 2013, p. 8.

[18] Cf. FRANCISCO, *Vigília de Pentecostes com os movimentos eclesiais* (Roma, 18 de maio de 2013), in *AAS* 105 (2013), 450-452.

[19] Ibidem.

da solidão e do limite é vencida pela alegria de quem é verdadeiramente livre em Cristo e aprendeu a amar.

Durante a sua visita pastoral a Assis, Papa Francisco se perguntava do que a Igreja deve se despojar. E respondia: "Despojar-se de qualquer ação que não é para Deus; do medo de abrir as portas para ir ao encontro de todos, sobretudo dos mais pobres, dos necessitados, dos distantes, sem esperar; certamente, não para se perder no naufrágio do mundo, mas para levar com coragem a luz de Cristo, a luz do Evangelho, também na escuridão, onde pode acontecer que se tropece; despojar-se da tranquilidade aparente que as estruturas oferecem, certamente necessárias e importantes, mas que nunca devem obscurecer a única verdadeira força que tem em si: Deus. Ele é a nossa força!".[20]

Ressoa para nós como um convite a "não ter medo da novidade do Espírito no meio de nós, não ter medo da renovação das estruturas. A Igreja é livre. O Espírito Santo a leva adiante. É isto que Jesus nos ensina no Evangelho: a liberdade necessária para encontrar sempre a novidade do Evangelho na nossa vida e também nas estruturas. A liberdade de escolher outros novos por essa novidade".[21] Somos convidados a ser homens

---

[20] FRANCISCO, *A Igreja deve despojar-se da mundanidade*, com os pobres, os desempregados e os imigrados assistidos pela Caritas [*Encontro com os pobres assistidos pela Cáritas*, Assis, 4 de outubro de 2013], in: *L'Osservatore Romano*, 5 out. 2013, p. 7.

[21] FRANCISCO, *Renovação sem medo*, meditação matutina na Capela da *Domus Sanctae Marthae* (6 de julho de 2013), in: *L'Osservatore Romano*, 7 jul. 2013, p. 7.

e mulheres audazes, de fronteira: "A nossa fé não é uma fé de laboratório, mas uma fé de caminhada, uma fé histórica. Deus se revelou como história, não como um compêndio de verdades abstratas. [...] É preciso não trazer a fronteira para casa, mas viver em fronteira e ser audazes".[22]

Ao lado do desafio da beatitude dos pobres, o Papa convida a visitar as fronteiras do pensamento e da cultura, a favorecer o diálogo, também em nível intelectual, para dar razão da esperança com base em critérios éticos e espirituais, interrogando-nos sobre aquilo que é bom. A fé nunca reduz o espaço da razão, mas abre-o para uma visão integral do homem e da realidade, e defende do perigo de reduzir o homem a "material humano".[23]

A cultura, se for chamada a servir constantemente à humanidade em todas as condições, se for autêntica, abre itinerários inexplorados, passagens que deixam respirar esperança, consolidando o sentido da vida, guardam o bem comum. Um autêntico progresso cultural "faz crescer a humanização integral e a cultura do encontro e do relacionamento; este é o modo cristão de promover o bem comum, a alegria de viver. E aqui convergem a fé e a razão, a dimensão religiosa com os diversos aspectos da cultura humana: arte, ciência, tra-

---

[22] ANTONIO SPADARO, *Intervista a Papa Francesco*, in: *La Civiltà Cattolica*, 164 (2013/III), 474.

[23] Cf. FRANCISCO, *Encontro com o mundo da cultura*, Cagliari, 22 de setembro de 2013, in: *L'Osservatore Romano*, 23-24 set. 2013, p. 7.

balho, literatura".[24] Uma pesquisa cultural autêntica se depara com a história e abre caminhos para procurar o rosto de Deus.

Os lugares em que se elabora e comunica o saber são também os lugares nos quais se cria uma cultura da proximidade, do encontro e do diálogo, abaixando as defesas, abrindo as portas, construindo pontes.[25]

---

[24] FRANCISCO, *A aposta do diálogo e do encontro*, à classe dirigente do Brasil [*Encontro com a classe dirigente do Brasil*, Rio de Janeiro, 27 de julho de 2013], in: *L'Osservatore Romano*, 29-30 jul. p. 4

[25] Cf. FRANCISCO, *Homens de fronteira*, o Papa à comunidade da Civiltà Cattolica [*Discurso às Comunidades dos Escritores de "La Civiltà Cattolica"*, Roma, 14 de junho de 2013], in: *L'Osservatore Romano*, 15 jul. 2013, p. 7.

PARA REFLEXÃO

12. O mundo, como rede global na qual todos estamos conectados, onde nenhuma tradição local pode aspirar ao monopólio do verdadeiro, onde as tecnologias têm efeitos que tocam a todos, lança um desafio contínuo ao Evangelho e a quem vive a vida na forma do Evangelho.

Papa Francisco realiza, nessa historicização, através de escolhas e de modalidades de vida, uma hermenêutica viva do diálogo entre Deus e o mundo. Ele nos introduz num estilo de sabedoria que, radicada no Evangelho e na escatologia do humano, lê o pluralismo, busca o equilíbrio, convida a habilitar a capacidade de ser responsáveis pela mudança para que seja comunicada sempre melhor a verdade do Evangelho, enquanto nos movemos "entre as limitações e as circunstâncias",[1] e conscientes dessas limitações cada um de nós se faz *fraco com os fracos... tudo para todos* (1Cor 9,22).

Somos convidados a cuidar de uma dinâmica gerativa, não simplesmente administrativa, para acolher os acontecimentos espirituais presentes nas nossas comunidades e no mundo, movimentos e graça que o Espírito opera em cada pessoa singular, olhada como

---

[1] FRANCISCO, Exortação apostólica *Evangelii gaudium* (24 de novembro de 2013), n. 45.

pessoa. Somos convidados a nos comprometer em desestruturar modelos sem vida para narrar o humano marcado por Cristo, nunca absolutamente revelado nas linguagens e nos modos.

Papa Francisco nos convida a uma sabedoria que seja sinal de uma consistência maleável, capacidade dos consagrados de se moverem segundo o Evangelho, de agirem e de escolherem segundo o Evangelho, sem se perderem entre diferentes esferas de vida, linguagens, relações, conservando o sentido da responsabilidade, dos nexos que nos ligam, da finitude dos nossos limites, da infinidade dos modos com que a vida se exprime. Um coração missionário é um coração que conheceu a alegria da salvação de Cristo e a compartilha como consolação no signo do limite humano: "Sabe que ele mesmo deve crescer na compreensão do Evangelho e no discernimento das sendas do Espírito, e assim não renuncia ao bem possível, ainda que corra o risco de sujar-se com a lama da estrada".[2]

Acolhemos as solicitações que o Papa nos propõe para olhar a nós mesmos e o mundo com os olhos de Cristo e continuar inquietos.

As perguntas do Papa Francisco

• Queria dizer-vos uma palavra e a palavra é alegria. Onde estão os consagrados, os seminaristas, as

---

[2] Ibid.

religiosas e os religiosos, os jovens, há sempre alegria, há sempre júbilo! É a alegria do vigor, é a alegria de seguir Jesus; a alegria que nos dá o Espírito Santo, não a alegria do mundo. Há alegria! Mas onde nasce a alegria?[3]

• Olha no fundo do teu coração, olha no íntimo de ti mesmo e interroga-te: tens um coração que aspira a algo de grande, ou um coração entorpecido pelas coisas? O teu coração conservou a inquietação da procura, ou permitiste que ele fosse sufocado pelos bens, que no fim o atrofiam? Deus espera por ti, procura-te: o que respondes? Apercebeste-te desta situação da tua alma, ou ainda dormes? Acreditas que Deus te espera, ou para ti esta verdade são somente "palavras"?[4]

• Somos vítimas desta cultura do provisório. Gostaria que pensásseis nisto: como posso libertar-me eu, homem ou mulher, desta cultura do provisório?[5]

• Esta é uma responsabilidade em primeiro lugar dos adultos, dos formadores. E de vós formadores que

---

[3] FRANCISCO, *Autênticos e coerentes*, Papa Francisco fala da beleza da consagração [*Encontro com os seminaristas, os noviços e as noviças*, Sala Paulo VI, Roma, 6 de julho de 2013], in: *L'Osservatore Romano*, 8-9 jul. 2013, p. 6.

[4] FRANCISCO, *Com a inquietação no coração*, Aos capitulares agostinianos o Papa pede que estejam sempre à procura de Deus e dos outros [*Homilia na missa de abertura do Capítulo Geral da Ordem de Santo Agostinho*, Roma, 28 de agosto de 2013], in: *L'Osservatore Romano*, 30 ago. 2013, p. 8.

[5] FRANCISCO, *Autênticos e coerentes*, Papa Francisco fala da beleza da consagração [*Encontro com os seminaristas, os noviços e as noviças*, Sala Paulo VI, Roma, 6 de julho de 2013], in: *L'Osservatore Romano*, 8-9 jul. 2013, p. 6.

estais aqui: dar um exemplo de coerência aos mais jovens. Queremos jovens coerentes? Sejamos nós coerentes! Ao contrário, o Senhor nos dirá o que dizia dos fariseus ao povo de Deus: "Fazei o que dizem, mas não o que fazem!". Coerência e autenticidade![6]

• Podemos perguntar-nos: vivo inquieto por Deus, para o anunciar, para o dar a conhecer? Ou, então, me deixo fascinar por aquela mundanidade espiritual que leva a fazer tudo por amor-próprio? Nós, consagrados, pensamos nos interesses pessoais, no funcionalismo das obras, no carreirismo. Mas podemos pensar em muitas coisas... Por assim dizer, "acomodei-me" na minha vida cristã, na minha vida sacerdotal, na minha vida religiosa e até na minha vida de comunidade, ou conservo a força da inquietação por Deus, pela sua Palavra, que me leva a "sair" e ir rumo aos outros?[7]

• Como vivemos a inquietação do amor? Cremos no amor a Deus e ao próximo, ou somos nominalistas a este propósito? Não de modo abstrato, não somente palavras, mas o irmão concreto que encontramos, o irmão que está ao nosso lado! Deixamo-nos inquietar pelas suas necessidades, ou permanecemos fechados

---

[6] Ibid.

[7] FRANCISCO, *Com a inquietação no coração*, Aos capitulares agostinianos o Papa pede que estejam sempre à procura de Deus e dos outros [*Homilia na missa de abertura do Capítulo Geral da Ordem de Santo Agostinho*, Roma, 28 de agosto de 2013], in: *L'Osservatore Romano*, 30 ago. 2013, p. 8.

em nós mesmos, nas nossas comunidades, que com frequência são para nós "comunidades-comodidades"?[8]

• Este é um bom, um bom caminho para a Santidade! Não falar mal dos outros. "Mas, padre, há problemas...", di-lo ao superior, à superiora, ao bispo, que pode remediar. Não o digas a quem nada pode fazer. Isso é importante: fraternidade! Mas diz-me, tu falarás mal da tua mãe, do teu pai, dos teus irmãos? Nunca. E por que o fazes na vida consagrada, no seminário, na vida presbiteral? Só isto: pensai, pensai... Fraternidade! Este amor fraterno.[9]

• Aos pés da cruz, Maria é a mulher da dor e ao mesmo tempo da vigilante espera de um mistério, maior que a dor, que está para se cumprir. Tudo parece ter se acabado, poder-se-ia dizer que toda esperança apagou-se. Também ela, naquele momento, poderia ter exclamado, recordando as promessas da Anunciação: "Isto não é verdade! Fui enganada!". Mas ela não o disse. No entanto, ela, bem-aventurada porque acreditou, dessa fé vê nascer um futuro novo e aguarda com esperança o amanhã de Deus. Às vezes penso: nós sabemos esperar o amanhã de Deus? Ou queremos o hoje? O amanhã de Deus é para ele o amanhecer da Páscoa, daquele dia, do primeiro da semana. Fará bem a nós pensar, na

---

[8] Ibid.

[9] FRANCISCO, *Autênticos e coerentes*, Papa Francisco fala da beleza da consagração [*Encontro com os seminaristas, os noviços e as noviças*, Sala Paulo VI, Roma, 6 de julho de 2013], in: *L'Osservatore Romano*, 8-9 jul. 2013, p. 6.

contemplação, no abraço do filho com a mãe. A única lâmpada acesa no sepulcro de Jesus é a esperança da mãe, que naquele momento é a esperança de toda a humanidade. Pergunto a mim e a vós: nos mosteiros esta lâmpada ainda está acesa? Nos mosteiros se espera o amanhã de Deus?[10]

• A inquietação do amor impele sempre a ir ao encontro do outro, sem esperar que seja o outro a manifestar a sua necessidade. A inquietação do amor oferece-nos a dádiva da fecundidade pastoral, e nós devemos perguntar-nos, cada um de nós: como está a minha fecundidade espiritual, a minha fecundidade pastoral?[11]

• Uma fé autêntica exige sempre um desejo profundo de mudar o mundo. Eis a pergunta que nos devemos fazer: temos também nós grandes visões e estímulos? Somos também nós audazes? O nosso sonho voa alto? O zelo devora-nos (cf. Sl 69,10)? Ou somos medíocres e satisfazemo-nos com as nossas programações apostólicas de laboratório?[12]

---

[10] FRANCISCO, *Os que sabem esperar*, às monjas camaldulenses o Papa indica Maria como modelo de esperança [*Celebração das Vésperas com a Comunidade das Monjas Beneditinas Camaldulenses*, Roma, 21 de novembro de 2013], in: *L'Osservatore Romano*, 23 nov. 2013, p. 7.

[11] FRANCISCO, *Com a inquietação no coração*, Aos capitulares agostinianos o Papa pede que estejam sempre à procura de Deus e dos outros [*Homilia na missa de abertura do Capítulo Geral da Ordem de Santo Agostinho*, Roma, 28 de agosto de 2013], in: *L'Osservatore Romano*, 30 ago. 2013, p. 8.

[12] FRANCISCO, *A companhia dos inquietos*, na igreja de Jesus o Papa celebra a missa de ação de graças pela canonização de Pedro Fabro [*Homilia na santa missa por ocasião do Santíssimo nome de Jesus*, Roma, 3 de janeiro de 2013], in: *L'Osservatore Romano*, 4 jan. 2014, p. 7.

AVE, MÃE DA ALEGRIA

13. *Alegra-te, cheia de graça* (Lc 1,28), "a saudação do anjo a Maria é um convite à alegria, a uma alegria profunda, anuncia o fim da tristeza. [...] Trata-se de uma saudação que marca o início do Evangelho, da Boa-Nova".[1]

Ao lado de Maria, a alegria se expande: o Filho que ela leva no ventre é o Deus da alegria, do júbilo que contagia, que envolve. Maria abre as portas do coração e corre para Isabel.

"Alegre por se realizar o seu desejo, delicada no seu dever, solícita na sua alegria, apressou-se para a montanha. Onde, se não no cimo, devia tender solicitamente aquela que já estava cheia de Deus?"[2]

Maria foi *apressadamente* (Lc 1,39) levar ao mundo o alegre anúncio, a todos a alegria irreprimível que acolhe no seio: Jesus, o Senhor. *Apressadamente*: não é só a velocidade com que Maria anda. Disto nos fala a

---

[1] BENTO XVI, *A força silenciosa que vence o rumor das potências*, a reflexão proposta pelo pontífice durante a audiência geral na sala Paulo VI [*Audiência geral*, Roma, 19 de dezembro de 2012], in: *L'Osservatore Romano*, 20 dez. 2012, p. 8.

[2] AMBRÓSIO, *Expositio Evangelii secundum Lucam*, II, 19: *CCL* 14, p. 39.

sua diligência, a atenção cuidadosa com a qual enfrenta a viagem, o seu entusiasmo.

Eis aqui a serva do Senhor (Lc 1,38). A serva do Senhor corre *apressadamente* para se fazer serva dos homens.

Em Maria é a Igreja toda que caminha junto: na caridade de quem se dirige para quem é mais frágil; na esperança de quem sabe que será acompanhado neste seu ir e na fé de quem tem um dom especial a compartilhar. Em Maria cada um de nós, impelido pelo vento do Espírito, vive a sua vocação pondo-se a caminho!

Estrela da nova evangelização,
ajudai-nos a refulgir com
o testemunho da comunhão,
do serviço, da fé ardente e generosa,
da justiça e do amor aos pobres,
para que a alegria do Evangelho
chegue até os confins da terra
e nenhuma periferia fique privada da sua luz.

Mãe do Evangelho vivente,
manancial de alegria para os pequeninos,
rogai por nós.

Amém. Aleluia![3]

---

[3] FRANCISCO, Exortação apostólica *Evangelii gaudium* (24 de novembro de 2013), n. 288.

Roma, 2 de fevereiro de 2014
Festa da Apresentação do Senhor

João Braz Cardeal de Aviz
Prefeito

José Rodríguez Carballo, ofm
Arcebispo Secretário

SUMÁRIO

Caríssimos irmãos e irmãs, ... 5

Alegrai-vos, exultai, regozijai-vos 9

    À escuta 9

    Esta é a beleza 13

    Ao chamar-vos..15

    Encontrados, alcançados, transformados............20

    Na alegria do sim fiel 24

Consolai, consolai o meu povo 31

    À escuta 31

    Levar o abraço de Deus 33

    A ternura nos faz bem...34

    A proximidade como companhia 36

    A inquietação do amor 39

Para reflexão...45

    As perguntas do Papa Francisco 46

Ave, Mãe da alegria 51

Impresso na gráfica da
Pia Sociedade Filhas de São Paulo
Via Raposo Tavares, km 19,145
05577-300 - São Paulo, SP - Brasil - 2015